ANALISI DEL LIBRO

Macbeth

· · · · · · · · · · · · · · · ·

WILLIAM SHAKESPEARE

ANALISI DEL LIBRO

Scritto da Claire Cornillon
Tradotto da Sara Rossi

Macbeth

· ·

WILLIAM SHAKESPEARE

WILLIAM SHAKESPEARE

POETA E DRAMMATURGO INGLESE

- **Luogo e data di nascita: Stratford-upon-Avon, 1564.**
- **Luogo e data di morte: Stratford-upon-Avon, 1616.**
- **Opere principali:**
  - *Sogno di una notte di mezza estate* (1592-1595), commedia
  - *Riccardo III* (1592-1595), opera storica
  - *Amleto* (1595-1600), tragedia

Nato nel 1564, William Shakespeare fu poeta e drammaturgo, figura di spicco della letteratura inglese, in particolare del genere teatrale elisabettiano (dal nome della regina Elisabetta I, 1558-1603). Ci sono stati alcuni dubbi riguardo alla sua esistenza storica, che ora sembra provata, anche se alcuni periodi della sua vita rimangono poco chiari. Scrisse 37 opere teatrali, che generalmente rientrano in una delle quattro categorie: le opere storiche, come *"Riccardo III"*, le commedie come *"Sogno di una notte di mezza estate"*, le grandi tragedie come *"Amleto"* e, infine, le ultime opere, che comprendono quelle come *"La tempesta"*. Nel corso del 1600, la compagnia teatrale dell'attore e scrittore, considerata una delle migliori di Londra, si stabilì al Globe Theatre. William Shakespeare morì nel 1616.

MACBETH

UN'OPERA DEFINITA DALLA FATALITÀ

- **Genere:** tragedia
- **Edizione di riferimento:** Shakespeare, W., *Macbeth*.
- **Prima edizione:** 1623
- **Temi:** guerra, destino, omicidio, potere, fantasmi, profezia

"Macbeth" è una delle tragedie più famose di Shakespeare e racconta come il personaggio eponimo, influenzato dalla moglie e dalla profezia pronunciata da tre streghe, uccide il re per prenderne il posto. Rappresentata per la prima volta nel 1606, fu pubblicata solo nel 1623. La versione pubblicata è la storia che conosciamo oggi, ma l'originale era leggermente diversa. L'opera, ispirata a fatti storici, discute la nozione di potere, rappresentando il tragico destino di un uomo e di una donna che sprofondano nella follia.

SINTESI

ATTO I

In Scozia, nella brughiera, tre streghe spiegano che incontreranno Macbeth prima del tramonto. All'accampamento di Duncan, re di Scozia, un sergente ferito spiega al monarca la situazione sul campo di battaglia. Elogia le imprese dei generali Macbeth e Banquo, che hanno resistito con coraggio agli attacchi del re di Norvegia. Anche Ross, un nobile, porta notizie: racconta del tradimento del Duca di Cawdor e della vittoria finale delle truppe di Duncan. Il re decide: "Il Duca di Cawdor non potrà più ingannare/ il nostro interesse di petto: vai a dichiarare la sua morte attuale,/ e con il suo titolo precedente saluta Macbeth". (Atto I, Scena 2).

Macbeth e Banquo incontrano le streghe, le quali predicono che Macbeth diventerà vassallo di Glamis, vassallo di Cawdor e poi re. A Banquo dicono: "Avrai dei re, anche se non sei nessuno" (Atto I, Scena 3). Poi, Ross annuncia a Macbeth che il re ha intenzione di concedergli il titolo di signore di Cawdor, dimostrando così la veridicità della profezia delle streghe. Macbeth inizia a immaginare l'assassinio del re per salire lui stesso al trono.

Al palazzo di Forres, Malcolm, figlio di re Duncan, racconta l'esecuzione del traditore Cawdor. A Inverness, Lady Macbeth legge una lettera del marito, che le racconta quanto gli è accaduto. Decide di spingere Macbeth ad assassinare Duncan, per paura che la sua volontà si indebolisca. Entra Macbeth che le dice che il re verrà a far loro visita.

Lady Macbeth accoglie il re. Macbeth, in un monologo, esita sul da farsi. Decide di non commettere l'omicidio, ma alla fine Lady Macbeth riesce a convincerlo a farlo. Egli dice: "Io sono deciso, e mi piego/ ad ogni agente corporale per questa terribile impresa./ Via, e prendete in giro il tempo con il più bello spettacolo:/ La falsa faccia deve nascondere ciò che il falso cuore sa" (Atto I, Scena 7).

ATTO II

Di notte, Macbeth si reca nella stanza del re con un coltello. Lady Macbeth, che ha drogato i servi del re, si imbatte nel marito che le dice che l'azione è stata compiuta. Poiché Macbeth non vuole tornare nelle stanze del re, è la moglie che vi si reca per spalmare di sangue i servi e farli apparire colpevoli. La portinaia apre la porta a Macduff e Lennox, due nobili scozzesi venuti a trovare il re. Essi incontrano Macbeth e scoprono la morte del re. In seguito a ciò, i due figli di Duncan fuggono: Malcolm va in Inghilterra e Donalbain in Irlanda. Macbeth diventerà re.

ATTO III

Macbeth ordina l'omicidio di Banquo e di suo figlio Fleance perché non sopporta l'idea che i discendenti di Banquo possano regnare dopo di lui. Gli assassini uccidono Banquo, ma il figlio riesce a fuggire. Durante un banchetto a palazzo, Macbeth vede il fantasma di Banquo. Lady Macbeth cerca allora di mantenere le apparenze di fronte ai loro ospiti, che sono preoccupati per i problemi del re.

ATTO IV

Macbeth si reca dalle streghe e da Ecate, la dea a cui obbediscono, per conoscere il proprio futuro. Le apparizioni rispondono alle sue domande. La prima apparizione gli dice che deve guardarsi da Macduff. La seconda, un bambino insanguinato, gli dice: "Sii sanguinario, audace e risoluto; ridi del potere dell'uomo, perché nessuna donna nata/ potrà nuocere a Macbeth" (Atto IV, Scena 1). La terza apparizione, un bambino incoronato con un albero in mano, rivela che "Macbeth non sarà mai sconfitto finché/ dal grande bosco di Birnam all'alta collina di Dunsinane/ non verrà contro di lui" (Atto IV, Scena 1). Quando Macbeth chiede se il figlio di Banquo regnerà dopo di lui, gli appaiono davanti i fantasmi di otto re e di Banquo, corroborando così i suoi timori.

Lennox dice a Macbeth che Macduff è fuggito in Inghilterra e Macbeth ordina che il suo castello venga catturato e la sua famiglia uccisa. Macduff sta cercando di convincere Malcolm che Macbeth è degno della corona quando gli viene detto cosa sia successo alla sua famiglia.

ATTO V

La dama di compagnia di Lady Macbeth spiega al medico che la sua padrona è sonnambula e che si alza ogni notte. Osservano il comportamento della regina. Si strofina le mani per lavare il sangue che crede di vedere su di esse.

Le truppe inglesi guidate da Malcolm, Siward e Macduff arrivano a Dunsinane per assediare il castello. Macbeth, credendo che non gli possa accadere nulla, decide di affrontare l'assedio, ma i soldati, nascosti sotto i rami, si dirigono verso il castello, facendo credere che la foresta stia venendo verso di lui: è la profezia che si avvera. A Macbeth viene poi detto che sua moglie è morta. Macbeth uccide il giovane Siward, ma Macduff, estratto prematuramente dal grembo della madre, lo uccide, realizzando così la seconda parte della profezia. Malcolm diventa quindi re.

STUDIO DEI PERSONAGGI

MACBETH

Macbeth è un generale al servizio del re di Scozia. È un personaggio molto ambiguo, le cui varie sfaccettature emergono nel corso dell'opera. In primo luogo, appare come un eroe epico e un guerriero. Prima di entrare in scena, viene descritto come un generale coraggioso che ha compiuto imprese ammirevoli sul campo di battaglia:

> *"Per il coraggioso Macbeth... beh, merita quel nome...*
>
> *Disprezzando la fortuna, con il suo acciaio brandito,*
>
> *Che ha fumato con una sanguinosa esecuzione,*
>
> *Come un servitore del valore ha scavato il suo passaggio*
>
> *Finché non affrontò lo schiavo;*
>
> *che non gli strinsero mai la mano e non lo salutarono,*
>
> *Finché non l'ha disarcionato dalla navata centrale ai capitani,*
>
> *E fissò la sua testa sui nostri merli" (Atto I, Scena 2).*

È ambizioso e, quando gliene viene data l'opportunità, cede alla tentazione del potere. Simbolicamente, assumendo il titolo di quello di Cawdor, che era un traditore, si appropria di questa funzione e diventa, a sua volta, un traditore. Paradossalmente, Macbeth appare spesso timoroso, esitante e, anche se desidera diventare re, la prospettiva di un regicidio lo blocca. Non è un freddo assassino che uccide senza esitazione fin dall'inizio. Quando la possibilità di un omicidio gli passa per la testa, dice: "Le paure attuali/ sono meno che orribili immaginazioni:/ Il mio pensiero, il cui omicidio è ancora solo fantastico,/ Scuote così il mio unico stato di uomo che funziona/ è soffocato da supposizioni, e nulla è/ se non ciò che non è" (Atto I, Scena 3).

È Lady Macbeth che lo spinge a compiere l'azione. Pensa tra sé e sé: "Eppure temo la tua natura;/ È troppo piena del latte della gentilezza umana/ Per cogliere la strada più vicina: tu vorresti essere grande;/ Non sei senza ambizione, ma senza/ La malattia che dovrebbe accompagnarla" (Atto I, Scena 5).

Una volta compiuto l'omicidio, Macbeth cade sempre più in basso nella violenza e nella follia. La sete di potere è un circolo vizioso. Una volta diventato re, non sopporta l'idea che i figli di Banquo possano succedergli e decide di far assassinare Banquo e Fleance. Tuttavia, il senso di colpa lo perseguita fin dal primo omicidio, che in seguito assume la forma del fantasma di Banquo, che viene a tormentarlo durante il banchetto. Dopo aver ucciso Duncan, dice a Lady Macbeth: "Ho paura di pensare a ciò che ho fatto;/ non oso guardarlo di nuovo" (Atto I, Scena 2).

È un personaggio tragico perché è manipolato dai discorsi delle streghe e accecato dalla sua ambizione. Credendosi invincibile, alla fine dell'opera corre verso la morte e ciò che credeva impossibile si realizza.

LADY MACBETH

Lady Macbeth è una donna forte, determinata, ambiziosa e manipolatrice. Il suo discorso è pieno di immagini solitamente associate alla donna e alla madre, che lei rovescia completamente: "Rendi denso il mio sangue;/ Ferma l'accesso e il passaggio al rimorso,/ Che nessuna visita compunta della natura/ Scuota il mio proposito caduco, né mantenga la pace tra/ L'effetto ed esso!" (Atto I, Scena 5). È lei che domina i dialoghi con il marito ed è lei che agisce quando lui non è in grado di farlo.

Tuttavia, ci sono altri lati in lei. Sebbene sia inflessibile nei suoi propositi, è anche divorata dal senso di colpa, perseguitata da questo omicidio che la sveglia di notte e la fa agire nel sonno. Le macchie di sangue che crede di avere sulle mani sono l'immagine stessa del senso di colpa che prova e che alla fine la porterà alla morte.

Le strade di Macbeth e della moglie si incrociano: mentre lui diventa sempre più sicuro di sé nel corso dell'opera, diventando sempre più cieco, lei comincia a rendersi conto della portata di ciò che hanno fatto e inizia a perdere la sua sicurezza.

BANQUO E DUNCAN

Banquo e Duncan sono, in un certo senso, gli opposti di Macbeth.

Duncan è un re giusto, al contrario di Macbeth, che è un tiranno. Macbeth parla di lui: "Questo Duncan/ ha sopportato le sue facoltà in modo così mite, è stato/ così limpido nel suo grande ufficio, che le sue virtù/ si batteranno come angeli, a suon di tromba, contro/ la profonda dannazione della sua eliminazione" (Atto I, Scena 7).

Banquo, come Macbeth, ha ascoltato la profezia delle streghe. Tuttavia, è sospettoso. Diffida dei loro discorsi e non si unisce al complotto contro il re: "Ma è strano: E spesso, per trarci in inganno,/ gli strumenti delle tenebre ci dicono verità,/ ci conquistano con oneste sciocchezze, per tradirci/ nelle conseguenze più profonde" (Atto I, Scena 3).

Inoltre, questa è la principale differenza tra l'opera di Shakespeare e la fonte storica a cui si è ispirato, ovvero le *"Cronache d'Inghilterra, Scozia e Irlanda"* di Raphael Holinshed (1577), dove Macbeth guida una cospirazione contro il re Duncan a cui partecipa anche Banquo. Questo importante cambiamento permette a Shakespeare di costruire il personaggio di Banquo come un'immagine speculare positiva rispetto a Macbeth. Come lui, è un eroe di guerra, ma non sprofonda nel ciclo infernale della sete di potere e rimane fedele al proprio re. Il fatto che Macbeth lo faccia uccidere non è, quindi, solo una conseguenza del desiderio simbolico di quest'ultimo di regnare per sempre, ma è anche l'illustrazione di una scelta: uccidendo Banquo, Macbeth uccide ciò che avrebbe potuto essere e sprofonda ancora di più nel tradimento e nella violenza.

ANALISI

UNA TRAMA TRAGICA

"Macbeth" è una tragedia perché il personaggio eponimo fa sistematicamente ciò che gli altri avevano previsto che avrebbe fatto. Da un lato, è dominato dalle sue passioni e dalla sua sete di potere. Dall'altro lato, è completamente influenzato dalla moglie. Anche se crede di guadagnare qualcosa, sta sprofondando nella degradazione. Da eroe resuscitato, diventa un traditore e, infine, muore, odiato da tutti. Macduff afferma che: "Non c'è nelle legioni/ dell'orrido inferno un diavolo più dannato/ nei mali che superi Macbeth" (Atto IV, Scena 3).

Il soprannaturale gioca un ruolo fondamentale, perché le streghe non solo rivelano a Macbeth il suo futuro, ma lo innescano anche. Questi esseri incarnano l'ambiguità e la doppiezza. La loro apparizione è già un segno. Banquo le descrive così, in una sorta di regia interna: "Vivete? O siete qualcosa/ che l'uomo possa mettere in dubbio? Sembrate capirmi,/ Ognuna di voi posa il suo dito paffuto/ Sulle sue labbra magre: dovreste essere donne,/ E tuttavia le vostre barbe mi impediscono di interpretare/ Che lo siete" (Atto I, Scena 2). È solo perché i due si prendono gioco di Macbeth con il trono che egli prende in considerazione l'omicidio per la prima volta. I poteri superiori che essi rappresentano giocano con i suoi pensieri promettendogli il potere, pur sapendo che lo porteranno alla morte. L'ironia tragica sta nel fatto che gli dicono come morirà, ma in modo così criptico che non può capirlo. L'eroe tragico è, quindi, colui che, cercando di sfuggire al suo destino, lo compie. Per questo motivo, verso la fine dell'opera, dopo aver saputo della morte della moglie, pronuncia queste famose parole: "La vita non è che un'ombra che cammina, un povero attore/ Che si pavoneggia e si agita sulla scena/ E poi non si sente più: è una storia/ Raccontata da un idiota, piena di rumore e di furore,/ Che non significa nulla" (Atto V, Scena 5).

Va ricordato che il "*Macbeth*", pur essendo una tragedia, è più specificamente una tragedia elisabettiana. Questa si differenzia dalla tragedia francese perché non ha unità di tempo, luogo e azione. Anche l'unità di tono non è necessaria; per questo molte tragedie di Shakespeare hanno anche alcune scene comiche, come la Scena del portinaio nel "*Macbeth*". Inoltre, è consentita la rappresentazione di omicidi sul palcoscenico, cosa che non avviene nella tragedia classica francese.

IL POTERE DEL LINGUAGGIO

Il linguaggio gioca un ruolo fondamentale nell'opera.

All'inizio è falso e ambiguo. Le oscure profezie delle streghe portano Macbeth alla sua rovina. Infatti, alla fine del dramma, egli dice: "E che non si creda più a questi demoni giocolieri,/ Che si prendono gioco di noi in un doppio senso;/ Che tengono la parola della promessa al nostro orecchio,/ E la infrangono alla nostra speranza. Non combatterò con te" (Atto V, Scena 8). Inoltre, il linguaggio è la maschera indossata da Lady Macbeth e dal marito per nascondere il proprio crimine. Durante il banchetto, ad esempio, Lady Macbeth cerca di salvare la faccia con un discorso banale, ma è già troppo tardi e le loro maschere stanno già cadendo.

D'altra parte, il linguaggio è uno strumento di potere e di manipolazione. Lady Macbeth dice di suo marito: "Ti porto qui,/ Perché io possa versare i miei spiriti nel tuo orecchio;/ E castigare con il valore della mia lingua/ Tutto ciò che ti impedisce il giro d'oro,/ Che il destino e l'aiuto metafisico sembrano/ Farti incoronare" (Atto I, Scena 5). Nella prima parte del dramma, è la donna a essere rappresentata come colei che padroneggia il linguaggio. Nei dialoghi con il marito, le sue risposte sono molto più lunghe e mostrano una retorica della persuasione molto efficace, mentre le battute di Macbeth sono più brevi, meno strutturate e spesso interrogative. È lei a condurre il dialogo. La donna, nell'immaginario cristiano, è associata al serpente, ed è attraverso la parola che il serpente tenta Eva e come lei, a sua volta, tenta Adamo.

Il monologo è spesso deliberativo con Macbeth, che esita e soppesa gli argomenti, mentre il discorso di Lady Macbeth è offensivo fin dall'inizio. Non commette lei stessa l'omicidio, ma le sue parole hanno un significato performativo. Hanno lo stesso valore di un'azione perché Lady Macbeth prende la decisione di uccidere e costringe il marito a compiere la propria volontà.

ORDINE E CAOS

Nella mente elisabettiana, il mondo è strutturato in un certo modo e il microcosmo rispecchia il macrocosmo. Se un elemento viene a modificare questo equilibrio, il caos è vincente. Ecco perché la questione della legittimità del sovrano è così importante. Il re è l'immagine del suo regno. Così, Duncan è un re giusto e rispettato, mentre Macbeth, al contrario, è un tiranno. Tuttavia, l'ordine viene ristabilito grazie all'ascesa al trono di Malcolm. Alla fine dell'opera, come per illustrare questo rinnovato equilibrio, egli dice: "Questo, e quant'altro necessario/ Che ci chiama, per grazia di Grazia,/ Eseguiremo in misura, tempo e luogo" (Atto V, Scena 8).

Il regicidio è un crimine contro natura, che altera l'equilibrio delle cose e l'intero regno di Macbeth è orientato in questa direzione. Quando scopre l'omicidio, Macduff esclama: "La confusione ha fatto il suo capolavoro! / Il più sacrilego degli omicidi ha infranto il tempio consacrato dal Signore e ha rubato la vita dell'edificio!". (Atto II, Scena 3). Per questo motivo anche la natura è sconvolta. Ad esempio, diversi personaggi menzionano lo strano comportamento degli animali. Il giorno dell'assassinio di Duncan, Lennox dice: "L'oscuro uccello/ Clamò per tutta la notte: alcuni dicono che la terra/ Era febbrile e tremava" (Atto II, Scena 3). Più tardi, un vecchio dice a Ross: "'È innaturale,/ Anche come l'azione che è stata compiuta. Martedì scorso,/ Un falco, che troneggiava nel suo posto d'onore,/ Un gufo ha falciato e ucciso" (Atto II, Scena 4). Pertanto, le colpe di Macbeth si ripercuotono sull'intero regno.

Macbeth è un re illegittimo, ma Malcolm ripristina la legittimità diventando re dopo di lui. Egli sa cosa significa questa funzione. Anche se fosse un uomo con molti vizi, una volta diventato re, incarnerà il regno e, quindi, la virtù e la giustizia, al contrario di Macbeth che ha lasciato che le sue passioni sporcassero la sua funzione di sovrano. Malcolm dice: "Mi rimetto alla tua direzione, e/ svelo la mia stessa detrazione, qui abiuro/ le macchie e le colpe che mi sono addossate,/ perché estranee alla mia natura" (Atto IV, Scena 3).

ULTERIORI RIFLESSIONI

ALCUNE DOMANDE SU CUI RIFLETTERE...

- Che tipo di re sono, rispettivamente, Duncan, Macbeth e Malcolm?

- In che modo la Scena 7 del primo atto porta alla decisione di commettere un omicidio?

- Come è strutturato il monologo di Macbeth?

- Con quali argomenti e quali mezzi retorici Lady Macbeth riesce a far cambiare idea al marito?

- Quali sono le differenze e le somiglianze tra Banquo e Macbeth?

- Che ruolo ha il soprannaturale?

- L'opera di Shakespeare rispetta le unità di tempo, luogo e azione?

- Quali elementi sono utilizzati per simboleggiare il senso di colpa dei due protagonisti?

- Confrontando i due incontri con le streghe, in che modo le due scene sono diverse? Quali sono i rispettivi ruoli nella trama dell'opera?

- Nella riscrittura della commedia proposta da Eugene Ionesco, che si chiama "*Macbett*", a un tiranno succede sempre un altro tiranno, in un ciclo senza fine. In che modo questa tesi si discosta da quella dell'opera di Shakespeare?

Quali elementi del "*Macbeth*" possono comunque portare a questa interpretazione?

- Che importanza dà Shakespeare al destino e alla responsabilità umana?

- Pensate che questa opera possa essere collegata agli eventi attuali?

ULTERIORI LETTURE

EDIZIONE DI RIFERIMENTO

Shakespeare, W. (Sconosciuto) *Macbeth*. [Online]. [Accessed 23 November 2015]. Disponibile da: <http://shakespeare.mit.edu/macbeth/full.html>

Vogliamo sapere da voi!
Lasciate un commento sulla vostra biblioteca online
e condividete i vostri libri preferiti sui social media!

Perché scegliere Must Read?

Scoprite tutto quello che c'è da sapere su un libro, con i nostri riassunti e le nostre analisi concise e approfondite!

Scoprite il meglio della letteratura sotto una luce completamente nuova!

MUST READ ANALISI DEL LIBRO

Lo straniero

ALBERT CAMUS

MUST READ ANALISI DEL LIBRO

Il Grande Gatsby

FRANCIS SCOTT FITZGERALD

MUST READ ANALISI DEL LIBRO

Una bottiglia nel mare di Gaza

VALÉRIE ZENATTI

MUST READ ANALISI DEL LIBRO

Vorrei che da qualche parte ci fosse qualcuno ad aspettarmi

ANNA GAVALDA

MUST READ ANALISI DEL LIBRO

Il conte di Montecristo

ALEXANDRE DUMAS

MUST READ ANALISI DEL LIBRO

Il profumo

PATRICK SÜSKIND

www.50minutes.com

www.50minutes.com

Master ISBN: 9782808691130
ISBN cartaceo: 9782808612531
Deposito legale: D/2023/12603/1533

Copertura: © Primento

Concezione digitale a cura di Primento, il partner digitale degli editori.